# Álbum para a Juventude
## Op.68
# Robert Schumann

PARA PIANO

Rev. Souza Lima

Nº Cat.: 114-M

Irmãos Vitale Editores Ltda.
vitale.com.br
Rua Raposo Tavares, 85  São Paulo  SP
CEP: 04704-110  editora@vitale.com.br  Tel.: 11 5081-9499

© Copyright 1953 by Irmãos Vitale Editores Ltda. - São Paulo - Rio de Janeiro - Brasil.
Todos os direitos autorais reservados para todos os países. *All rights reserved.*

Dados Internacionais de Catalogação na Publicação (CIP)
(Câmara Brasileira do Livro, SP, Brasil)

Schumann, Robert, 1981-1856.

Álbum para a juventude : op. 68 / R. Schumann ;
revisão de Souza Lima. – São Paulo : Irmãos Vitale

1. Música
2. Schumann, Robert, 1810-1856
   I. Título

ISBN nº 85-7407-125-0
ISBN nº 978-85-7407-125-1

01-3576                                              CDD: 780.26

Índices para catálogo sistemático:
1. Composições musicais : Música  780.26

# ÍNDICE

| | | |
|---|---|---|
| 1 — | MELODIA | 5 |
| 2 — | PEQUENA PEÇA | 5 |
| 3 — | MARCHA DE SOLDADOS | 6 |
| 4 — | CANÇÃO | 7 |
| 5 — | POBRE ORFÃZINHA | 8 |
| 6 — | O ALEGRE CAMPONES (De volta do trabalho) | 9 |
| 7 — | O CAVALEIRO SELVAGEM | 10 |
| 8 — | CANÇÃO DO CEIFEIRO | 11 |
| 9 — | CORAL | 13 |
| 10 — | PEQUENO ESTUDO | 14 |
| 11 — | PRIMEIRA DOR | 16 |
| 12 — | SICILIANA | 17 |
| 13 — | CANÇÃO DO CAÇADOR | 18 |
| 14 — | CANÇÃO POPULAR | 19 |
| 15 — | PEQUENA ROMANÇA | 21 |
| 16 — | SÃO NICOLAU | 22 |
| 17 — | CANÇÃO DA COLHEITA | 24 |
| 18 — | ECOS DO TEATRO | 25 |
| 19 — | *.* | 27 |
| 20 — | CANÇÃO CAMPESTRE | 28 |
| 21 — | SHEHERAZADE | 29 |
| 22 — | *.* | 31 |
| 23 — | CANÇÃO DO CAVALEIRO | 32 |
| 24 — | CANTIGA DE RODA | 34 |
| 25 — | MIGNON | 35 |
| 26 — | CANÇÃO DOS MARINHEIROS | 37 |
| 27 — | CANÇÃO DA PRIMAVERA | 39 |
| 28 — | *.* | 40 |
| 29 — | RECORDAÇÃO | 42 |
| 30 — | NO INVERNO | 43 |
| 31 — | O PEQUENO VIANDANTE | 44 |
| 32 — | TEMA | 45 |
| 33 — | CANÇÃO NÓRDICA | 47 |
| 34 — | MAIO, QUERIDO MAIO | 48 |
| 35 — | CANÇÃO EM FORMA DE CANONE | 49 |
| 36 — | CANÇÃO DOS MARINHEIROS ITALIANOS | 51 |
| 37 — | O FORASTEIRO | 53 |
| 38 — | CORAL FIGURADO | 56 |
| 39 — | CANÇÃO DA NOITE DE SÃO SILVESTRE | 58 |
| 40 — | TEMPO INVERNAL | 60 |
| 41 — | A COLHEITA | 63 |
| 42 — | PRELÚDIO E FUGA | 66 |
| 43 — | CANÇÃO GUERREIRA | 70 |

Je recommande vivement les revisions des œuvres pour piano par Souza-Lima à cause de l'intelligence et la clarté avec lesquelles elles ont été faites apportant ainsi l'aide précieuse à tous ceux qui se devouent aux études de piano.

A. Brailowsky

# Álbum para a Juventude [1]
**Op. 68**

## Melodia

Revisão de
SOUZA LIMA

R. SCHUMANN
(Zwickau, 1810 - Endenich, 1856)

## Pequena Peça

(1) Composto em 1848

## Marcha de Soldados

Allegro e Vigoroso

Nº 3

## Canção

a) Evitar

## Pobre Orfãzinha

Nº 5  Lento

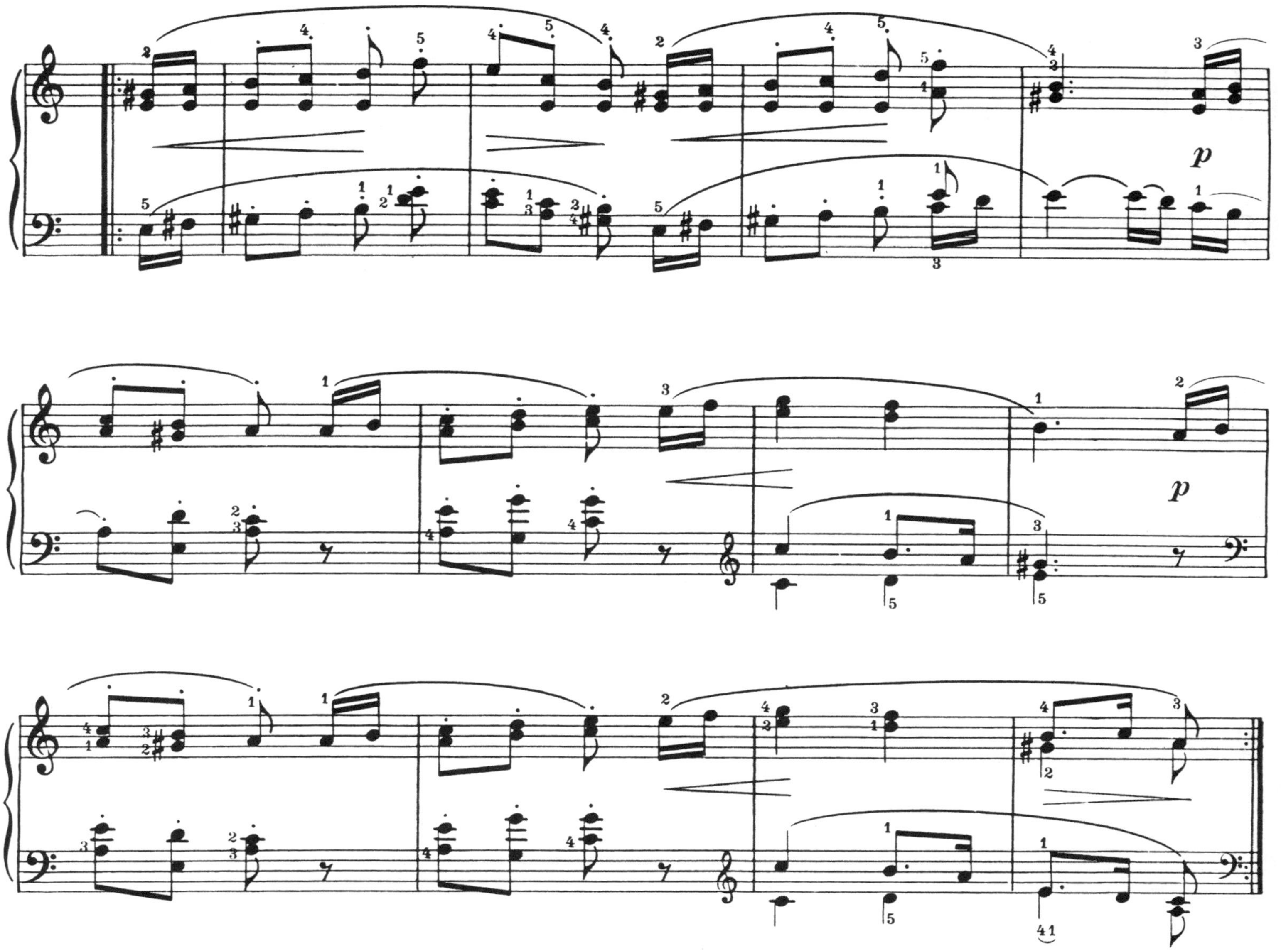

## O Alegre Camponês
(de volta do trabalho)

**Vigoroso e Alegre**

Nº 6

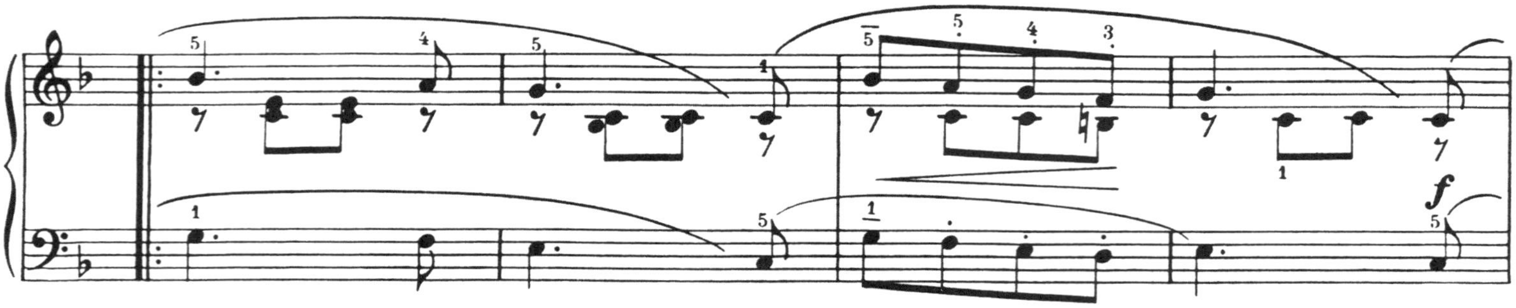

## O Cavaleiro Selvagem

## Canção do Ceifeiro

Non troppo vivace

Nº 8

## Coral

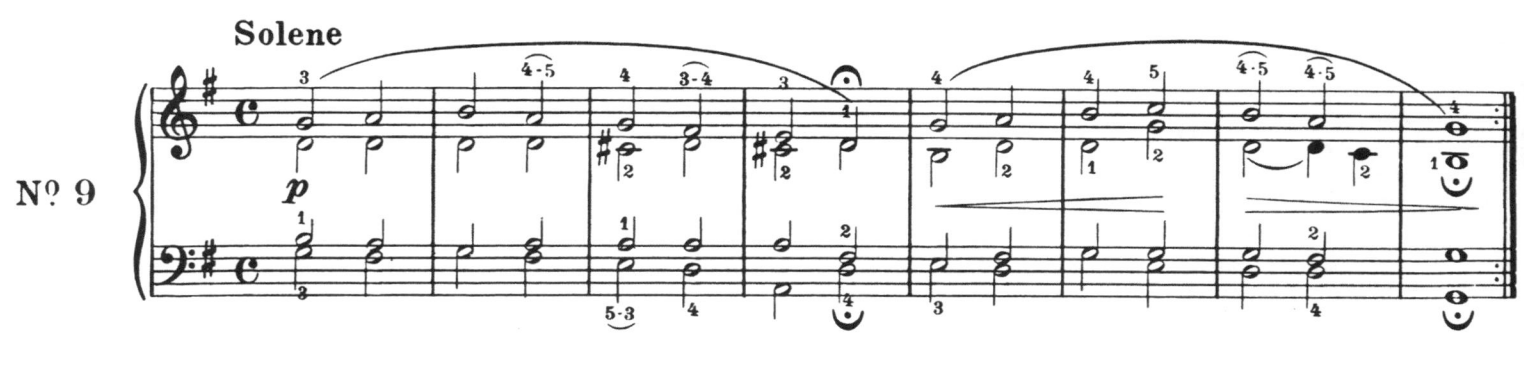

Nº 9

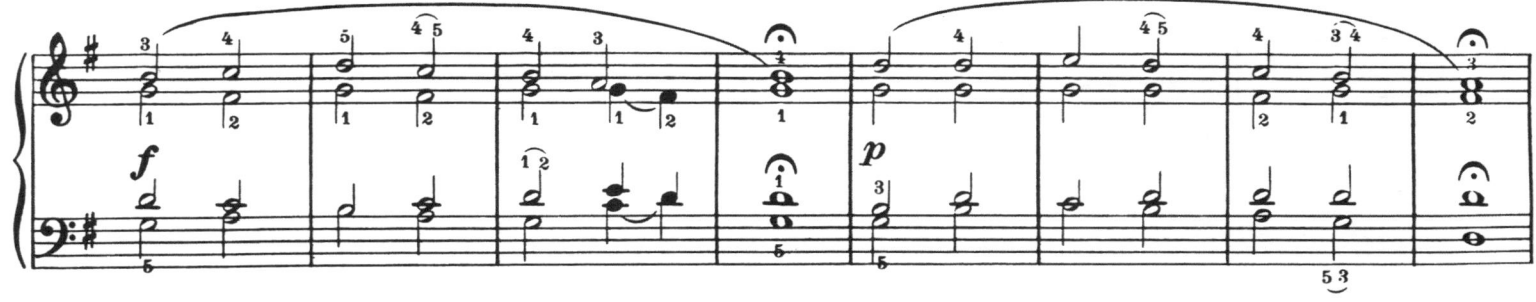

# Pequeno Estudo

(a) As primeiras notas dos grupos da mão direita constituem uma linha melódica, por isso deverão ser levemente destacadas.

# Primeira dor

# Siciliana

## Canção do Caçador

## Canção Popular

**Lento e dolente**

Nº 14

# Pequena Romança

# São Nicolau

# Canção da Colheita

## Ecos do Teatro

# Canção Campestre

## Sheherazade

Nº 21 — Não muito lento

(a) O Si *deste acorde deverá ser tocado levemente, pois não faz parte da linha melódica.*

# Canção do Cavaleiro

# Cantiga de Roda

Nº 24 — Moderato

## Mignon

# Canção dos Marinheiros

**Allegro Moderato**

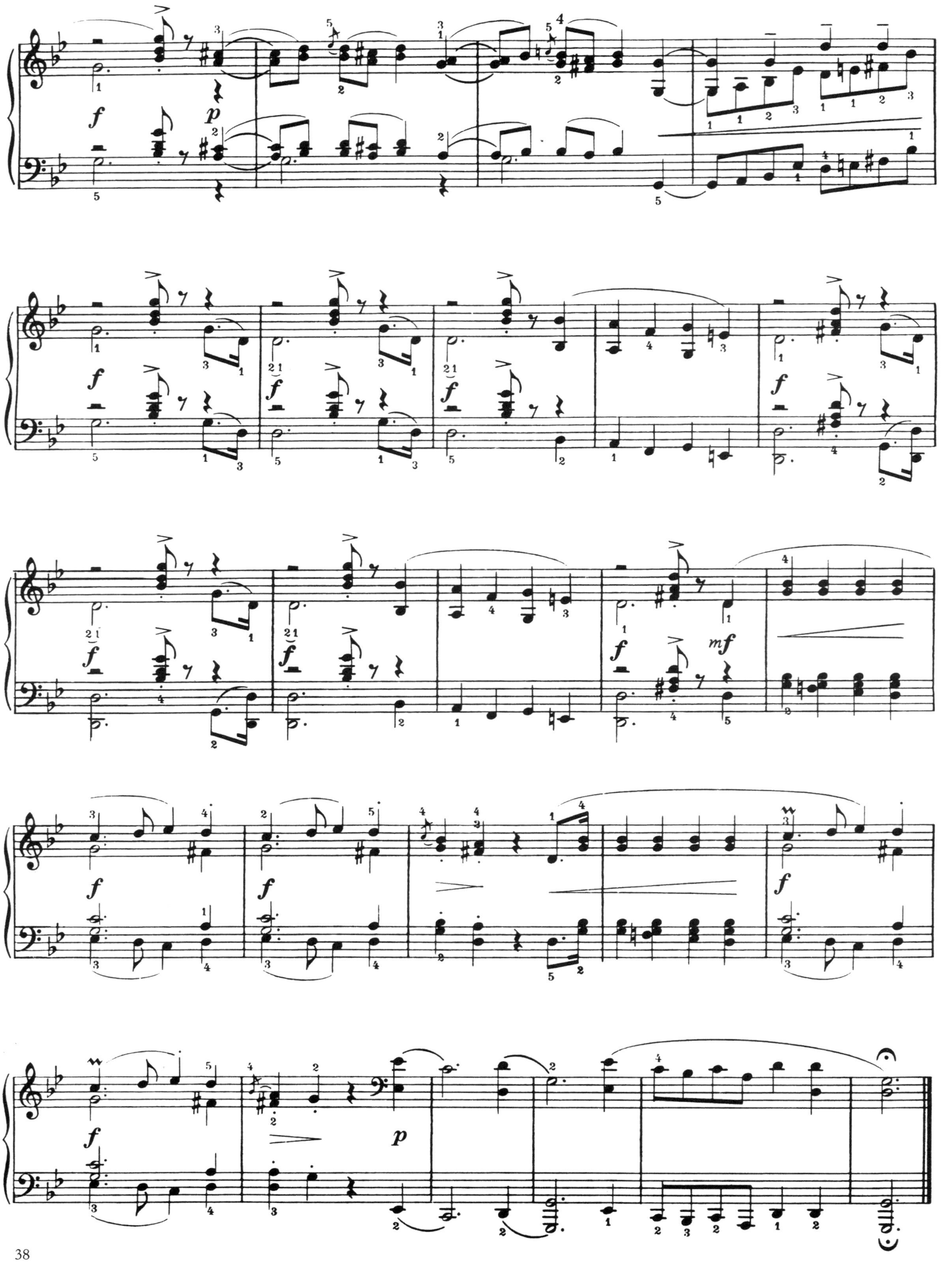

# Canção da Primavera

No. 28

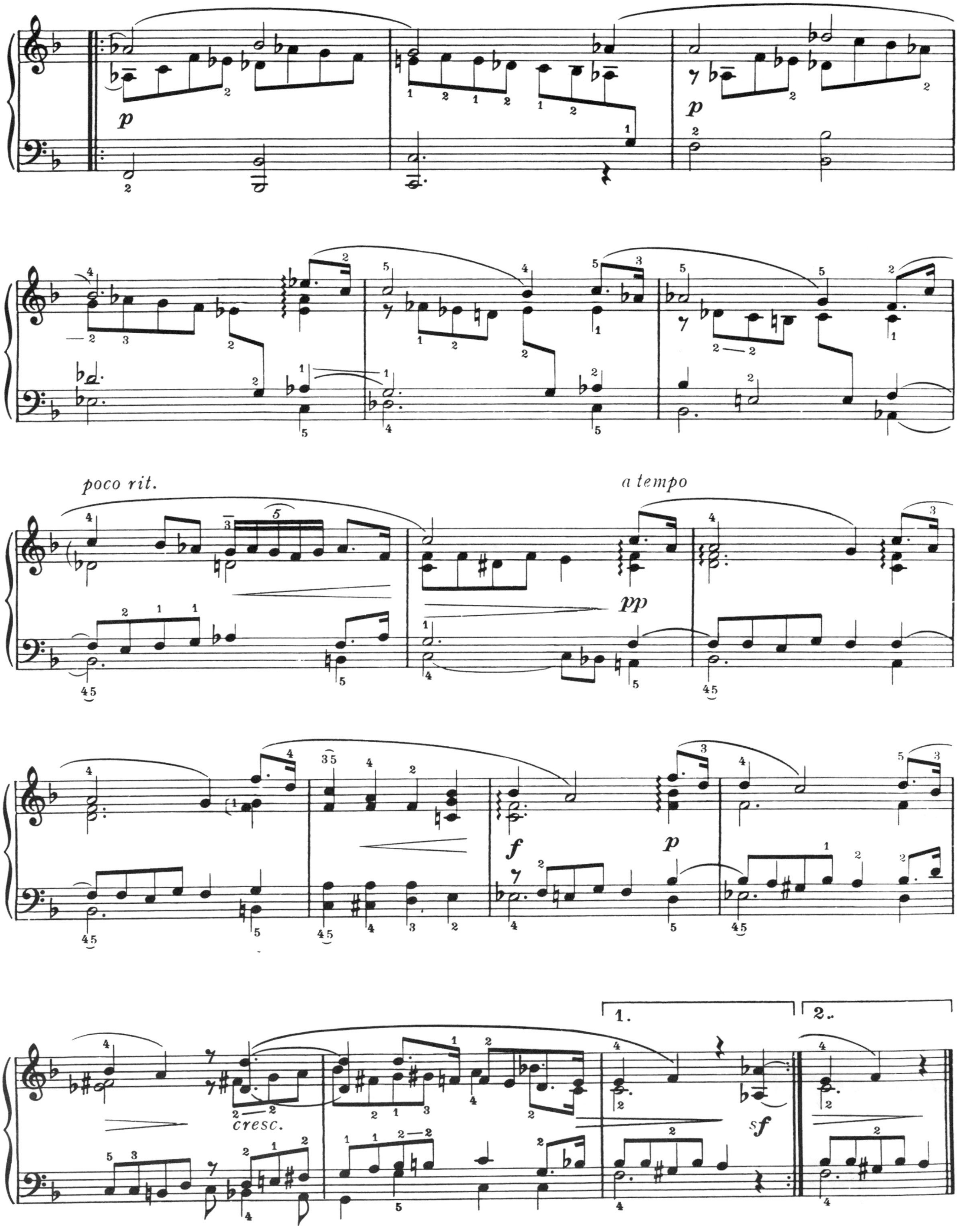
p
p
poco rit.
a tempo
pp
f
p
1.
2.
cresc.
sf

# Recordação
(4 de Novembro - 1847)[1]

Moderato e cantabile

Nº 29

(1) *Data da morte de Mendelssohn*

# No Inverno

**Lento assai**

Nº 30

# O Pequeno Viandante

Allegro brioso

## Tema

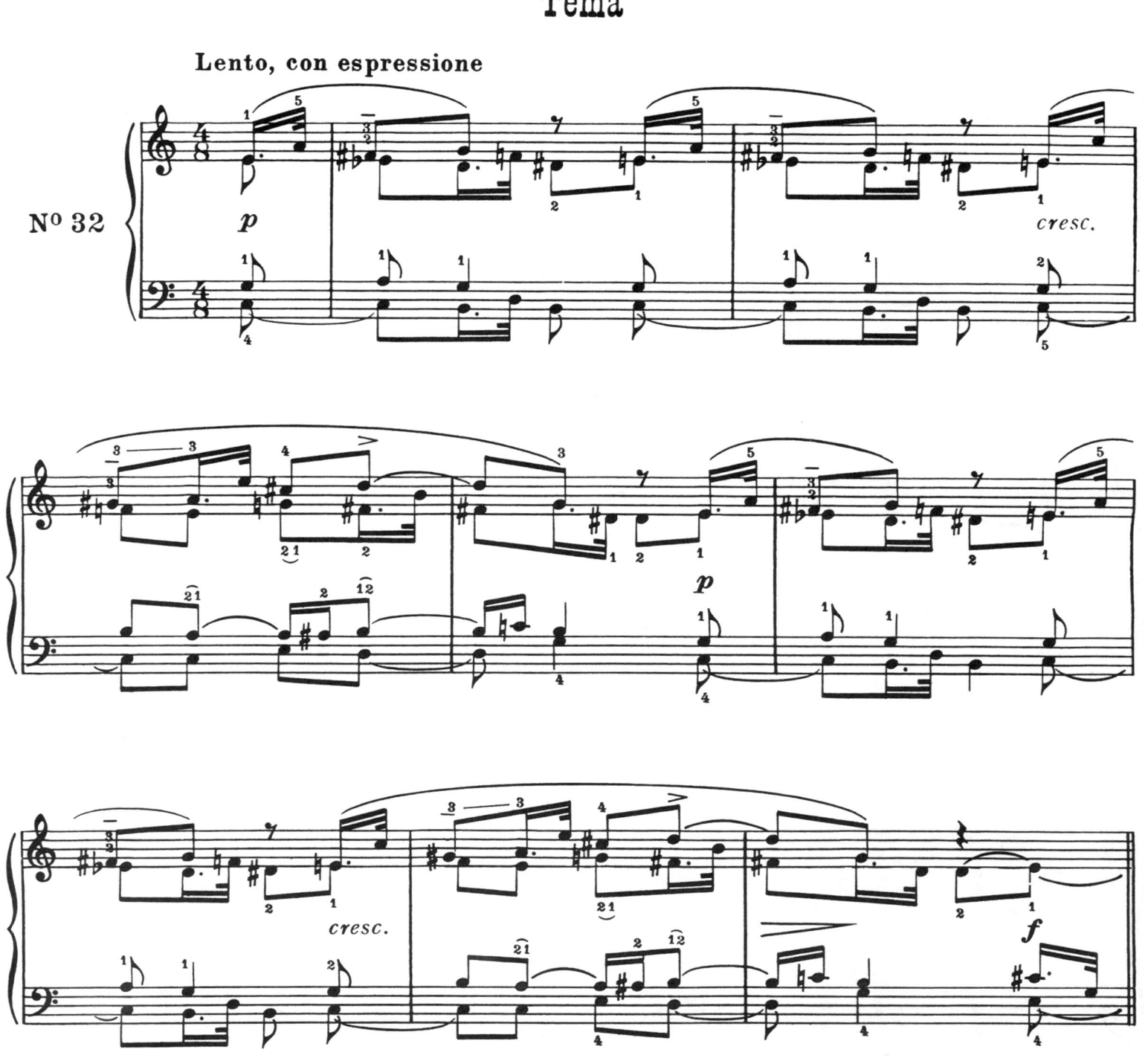

**Lento, con espressione**

Nº 32

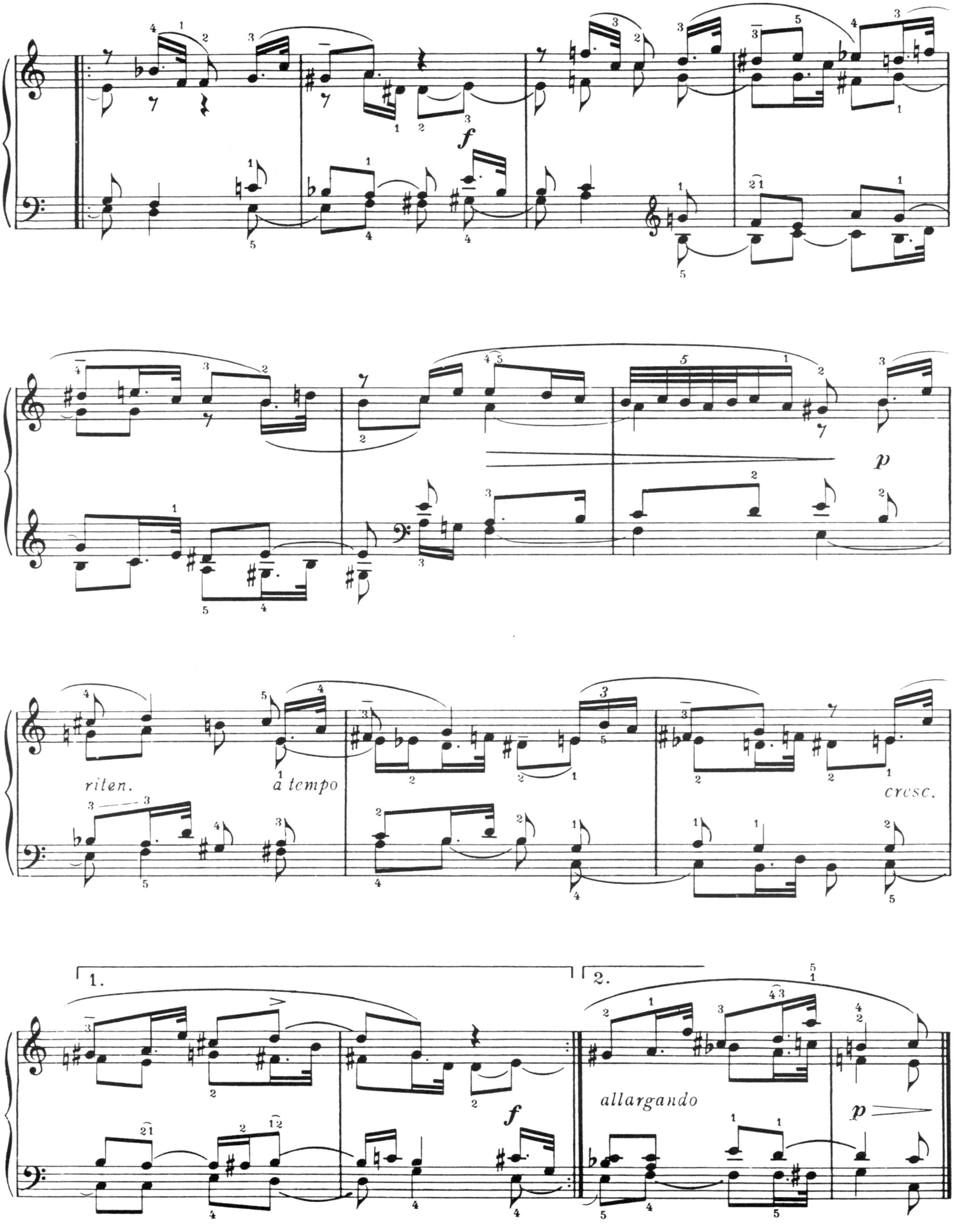
riten.
a tempo
cresc.
1.
2.
allargando

# Canção Nórdica

Nº 33  Simples

# Maio, querido Maio

Allegretto

Nº 34

## Canção em forma de Canone

**Moderato con espressione**

Nº 35

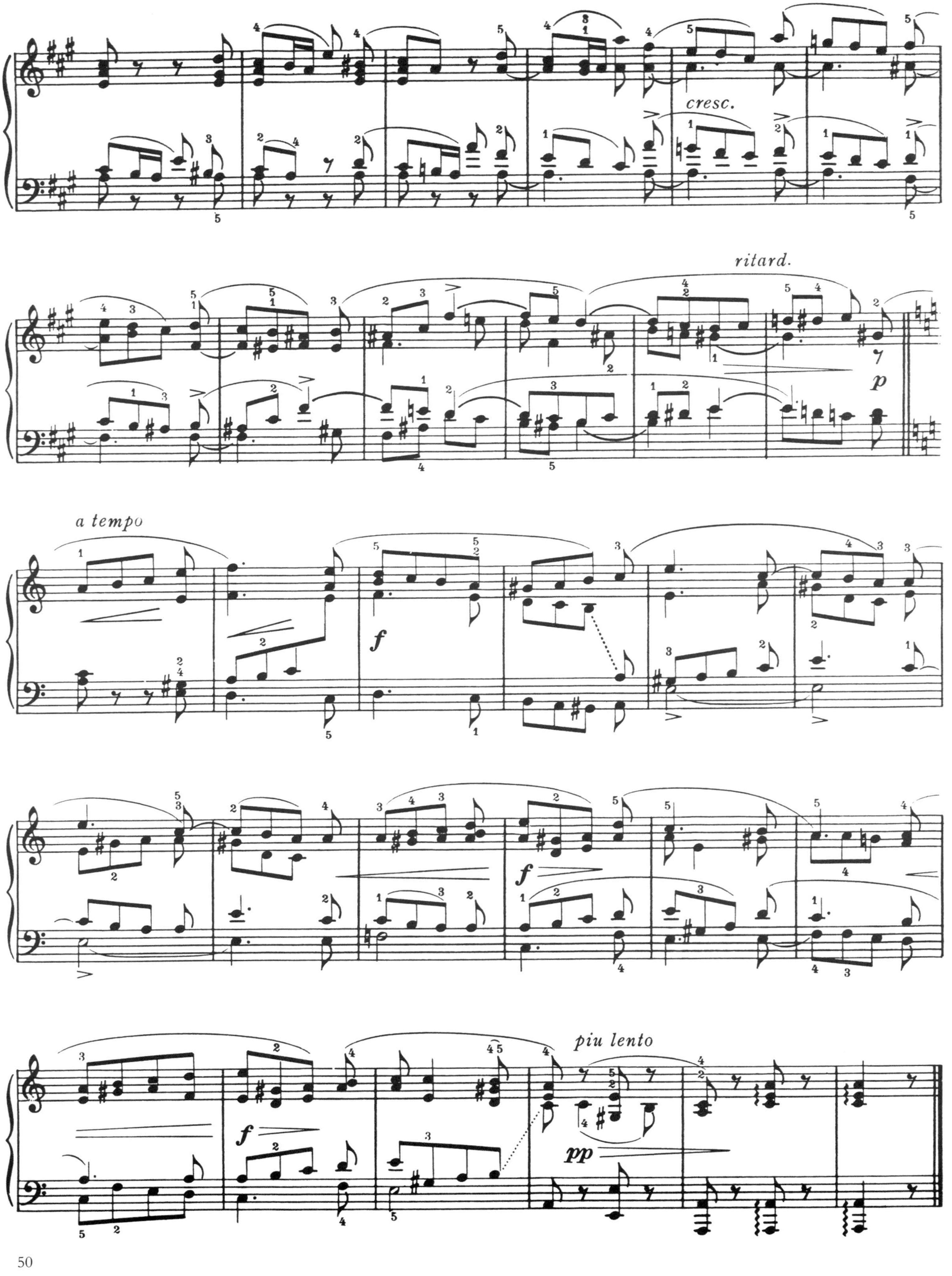
cresc.
ritard.
a tempo
piu lento

# Canção dos Marinheiros Italianos

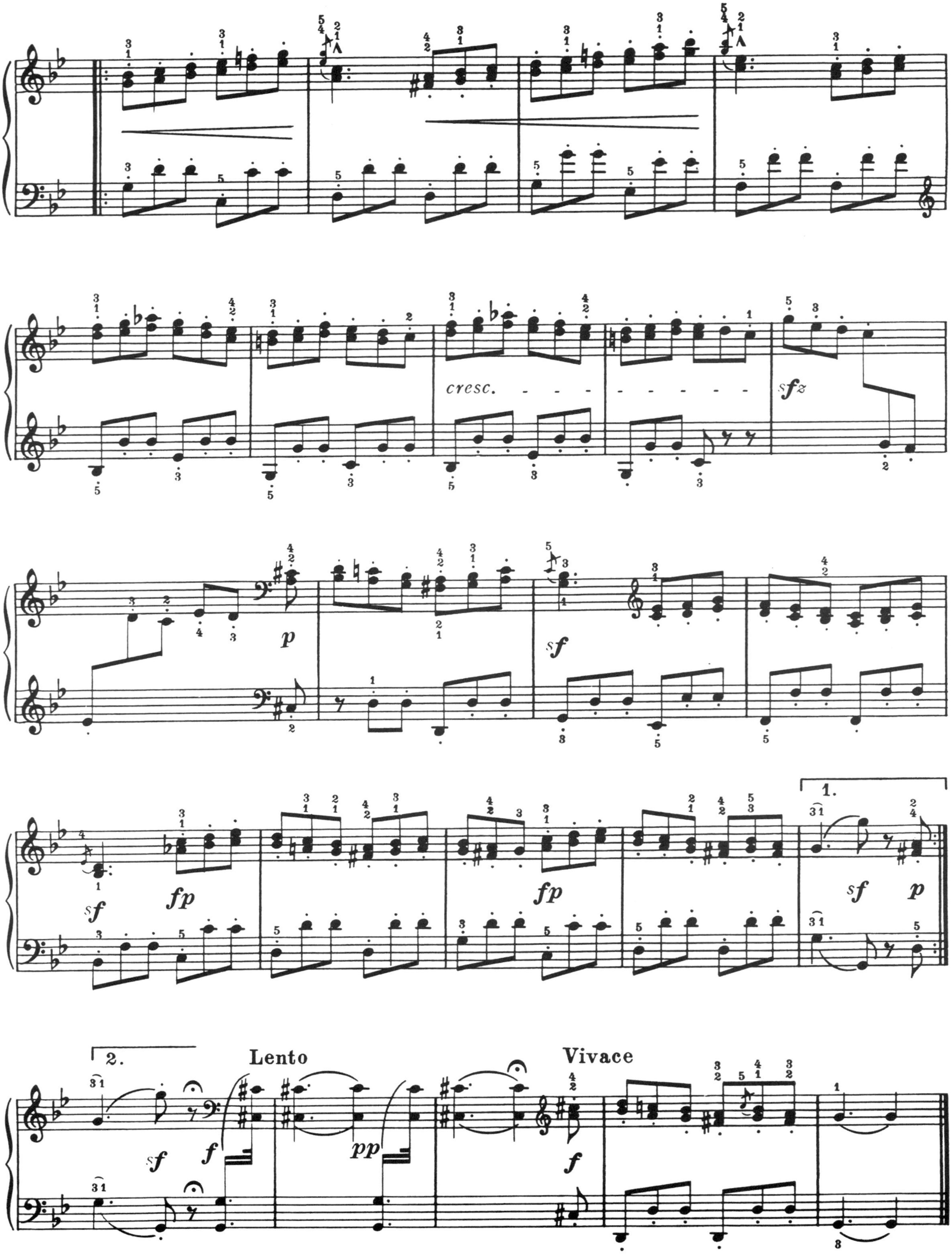
cresc.
Lento
Vivace

# O Forasteiro

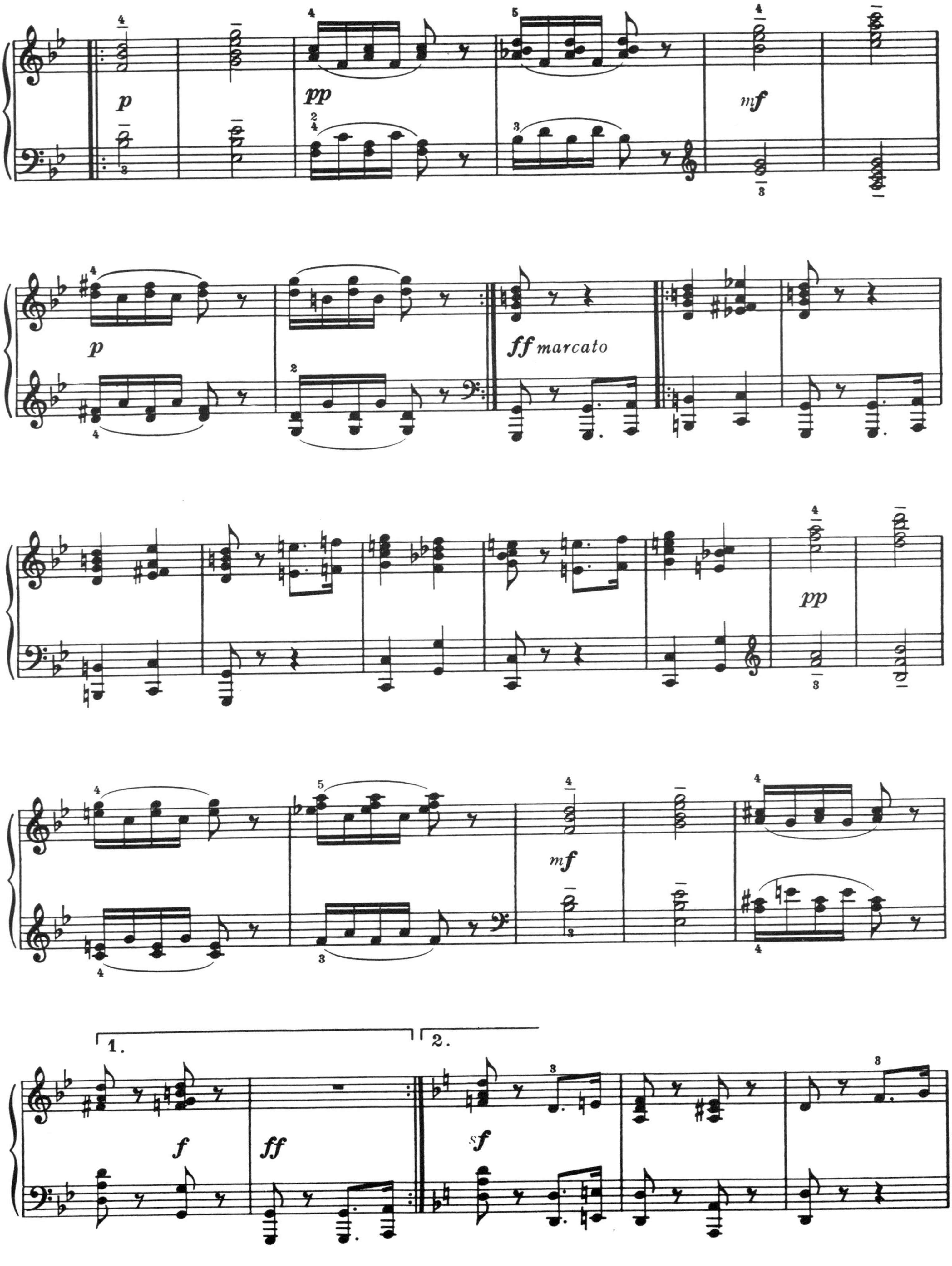
p
pp
mf
p
ff marcato
pp
mf
1.
2.
f
ff
sf

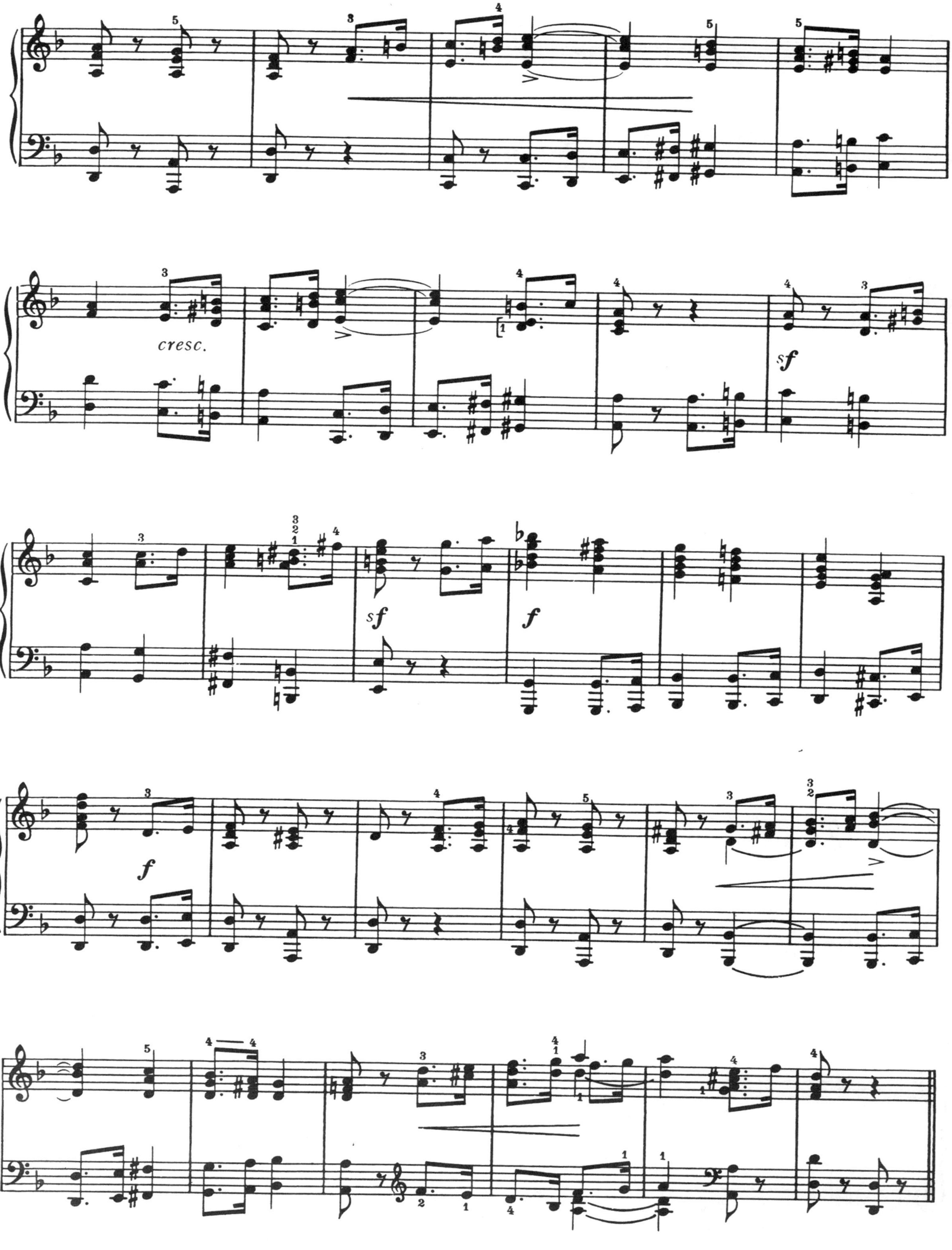
cresc.
sf
sf
f
f

CODA

## Coral Figurado

Solene

Nº 38

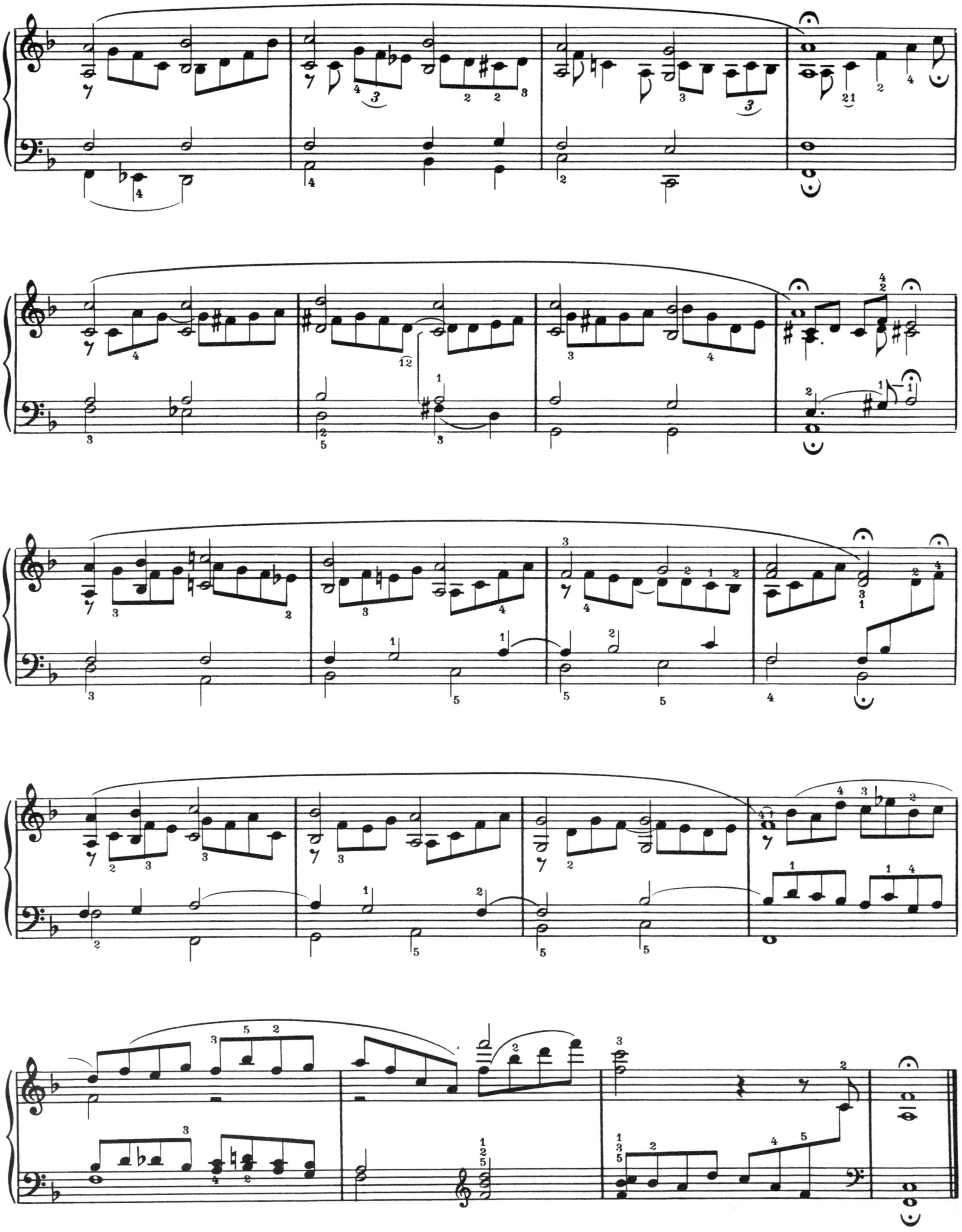

# Canção da noite de São Silvestre

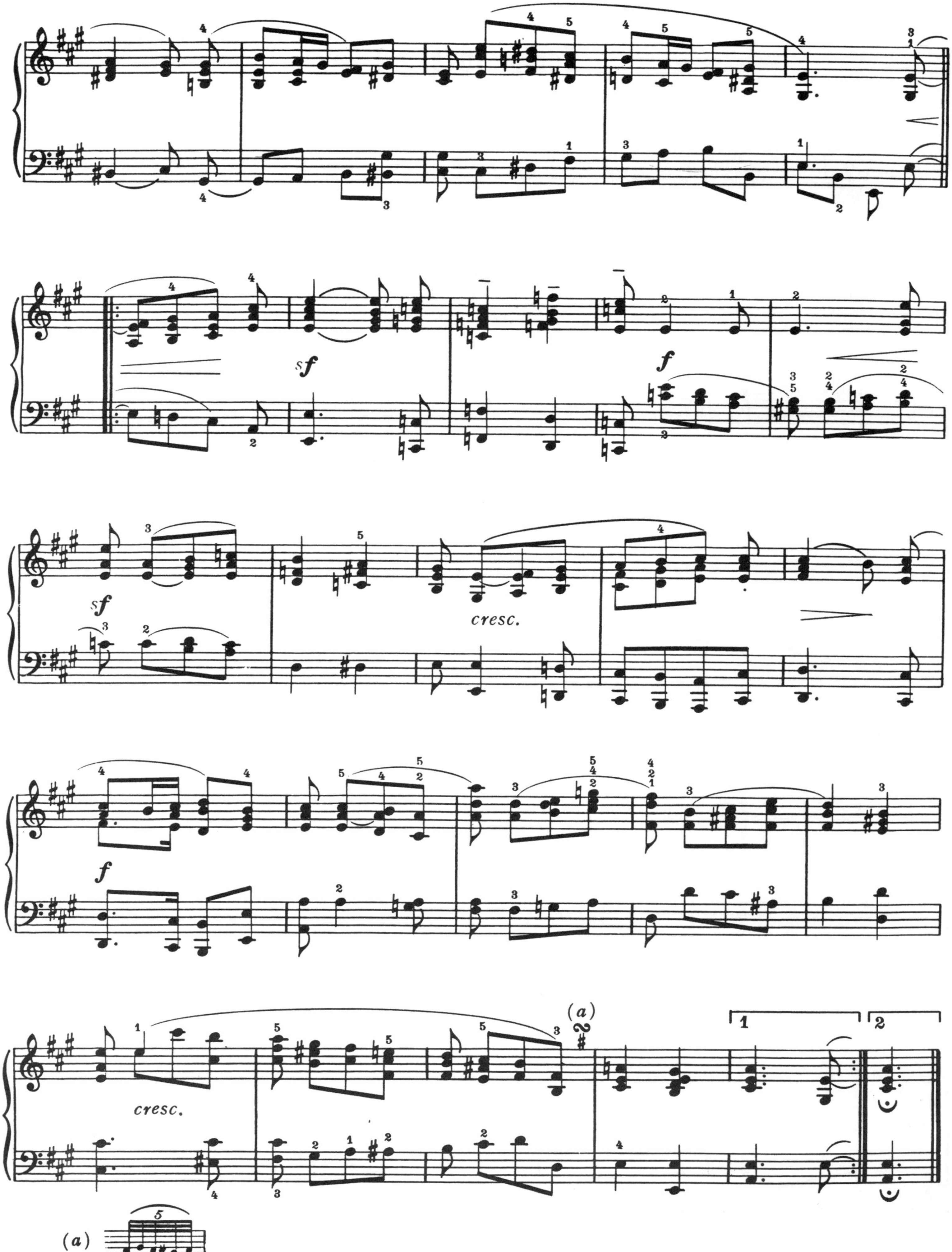
sf
f
sf
cresc.
f
cresc.
(a)
(a)

# Tempo Invernal

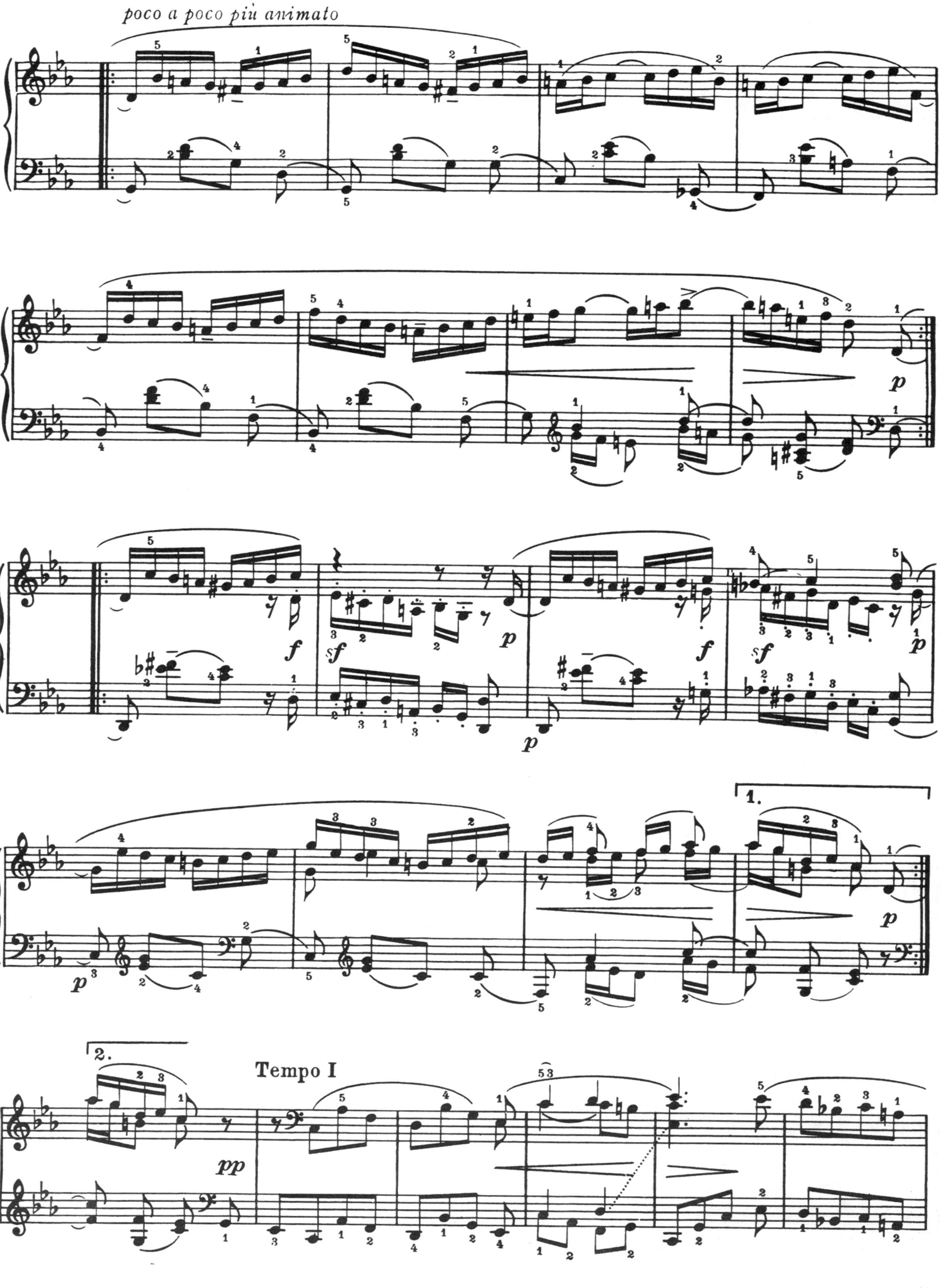
poco a poco più animato
1.
2.
Tempo I

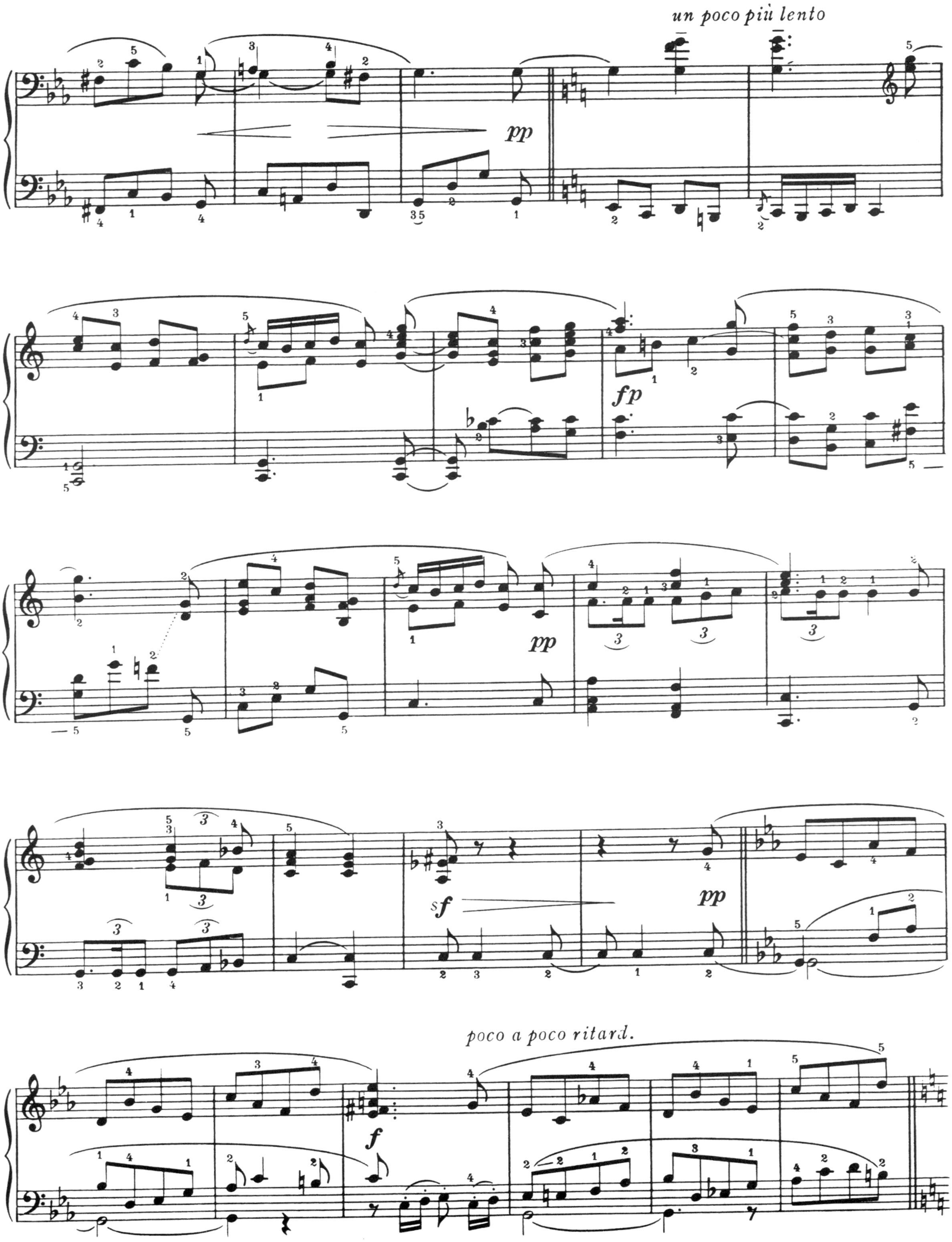
un poco più lento
pp
fp
pp
sf
pp
poco a poco ritard.
f

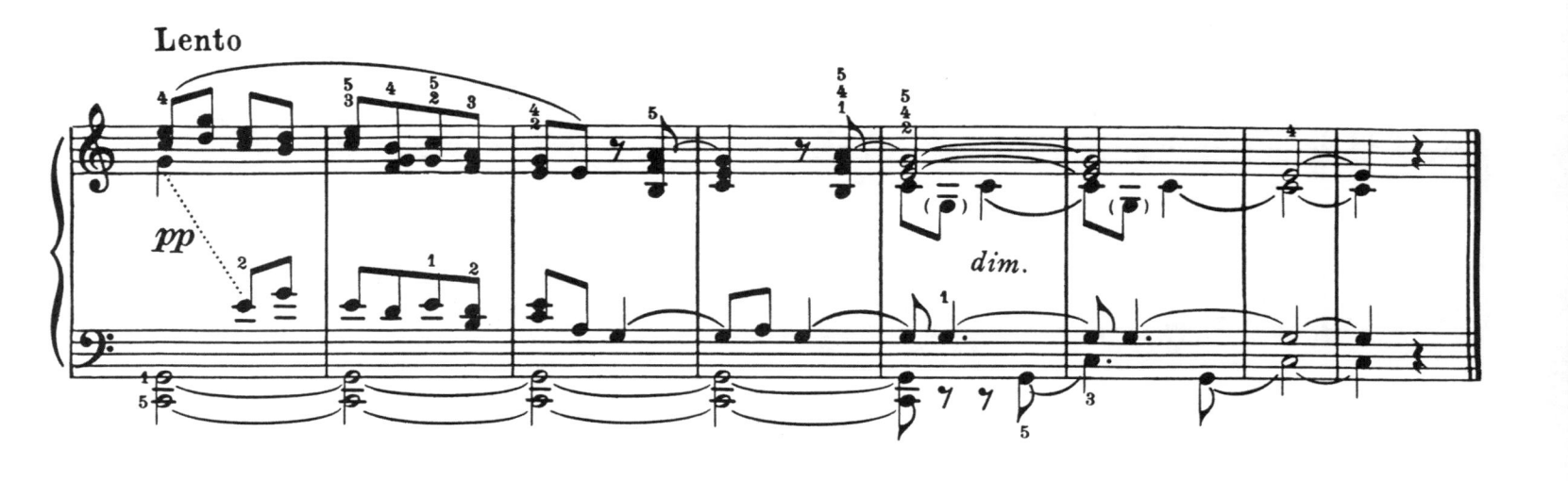

## A Colheita

Nº 41

(a)

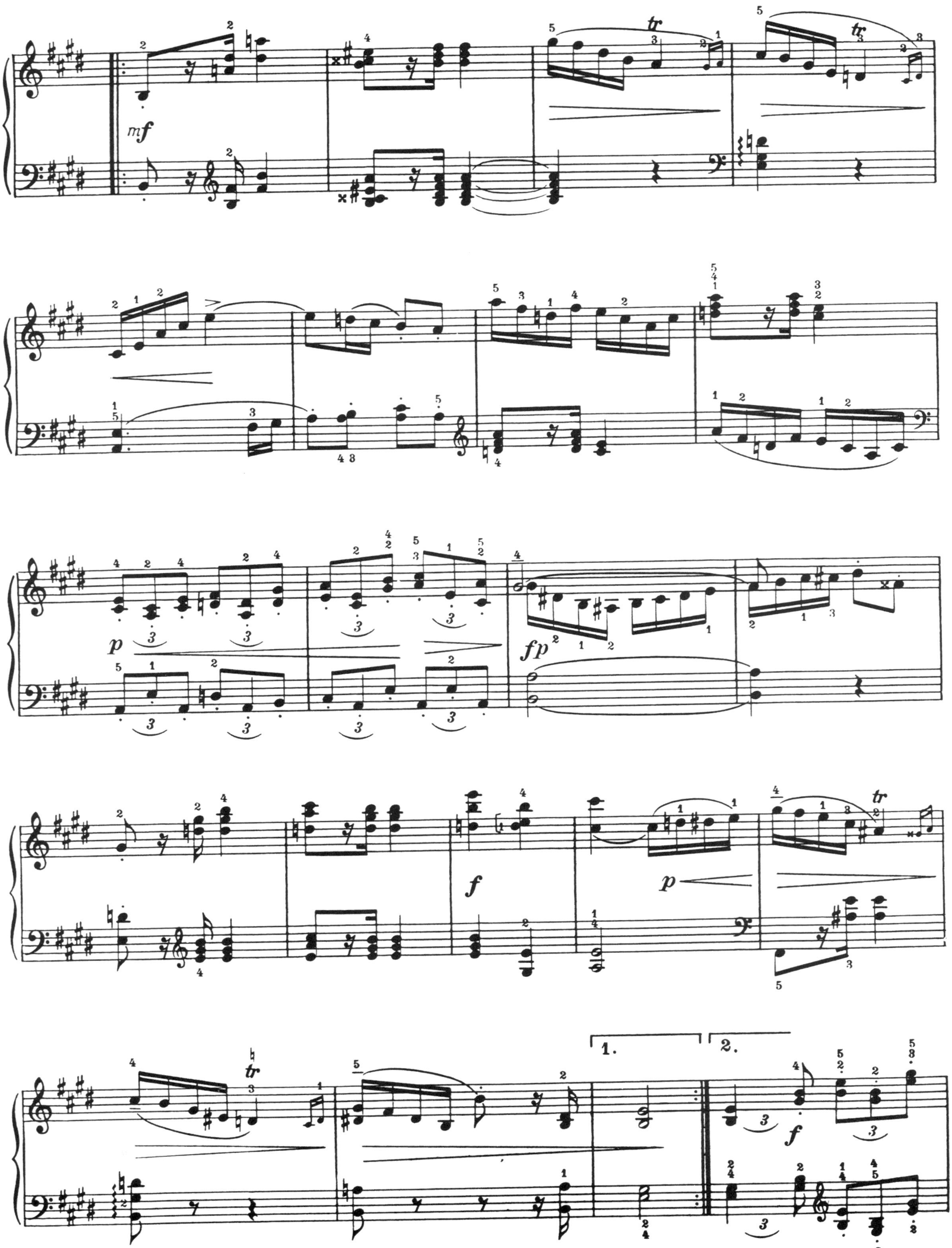
mf
tr
p
fp
f
1.
2.

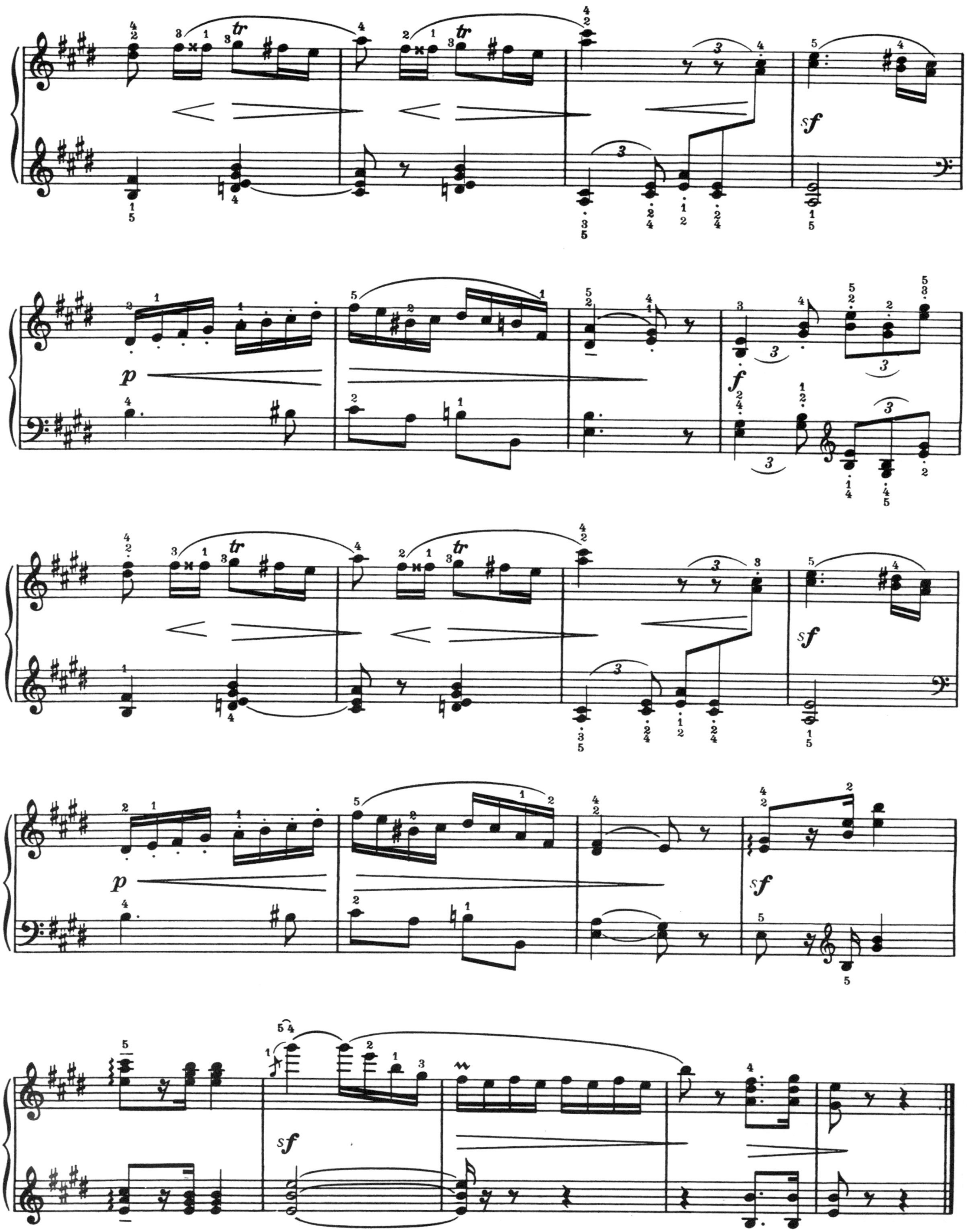
tr
sf
p
f

# Prelúdio e Fuga

**PRELÚDIO**
**Animato**

Nº 42

FUGA
**Allegro**

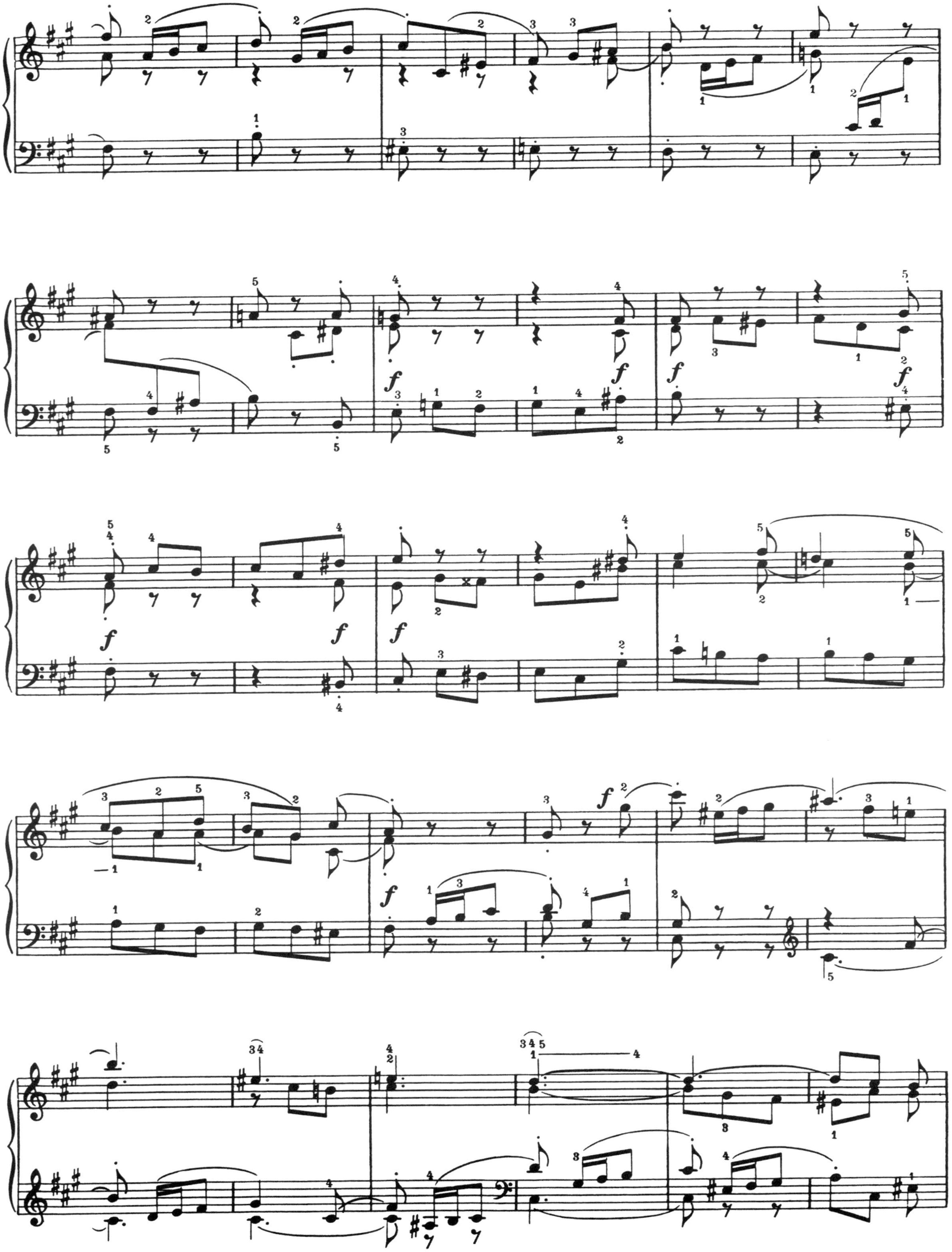

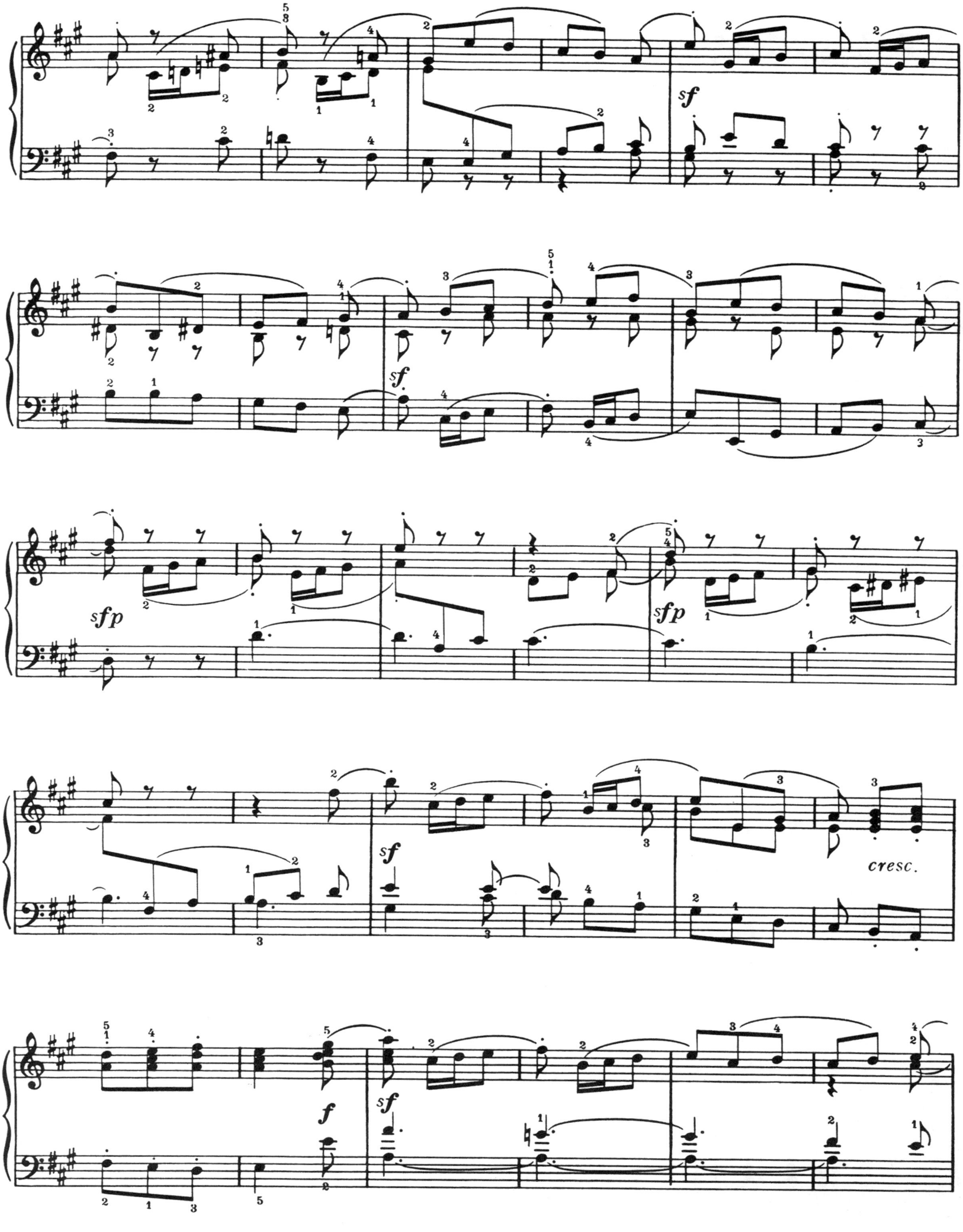
sf
sf
sfp
sfp
sf
cresc.
f
sf

## Canção Guerreira

**Vigoroso**

Nº 43

71

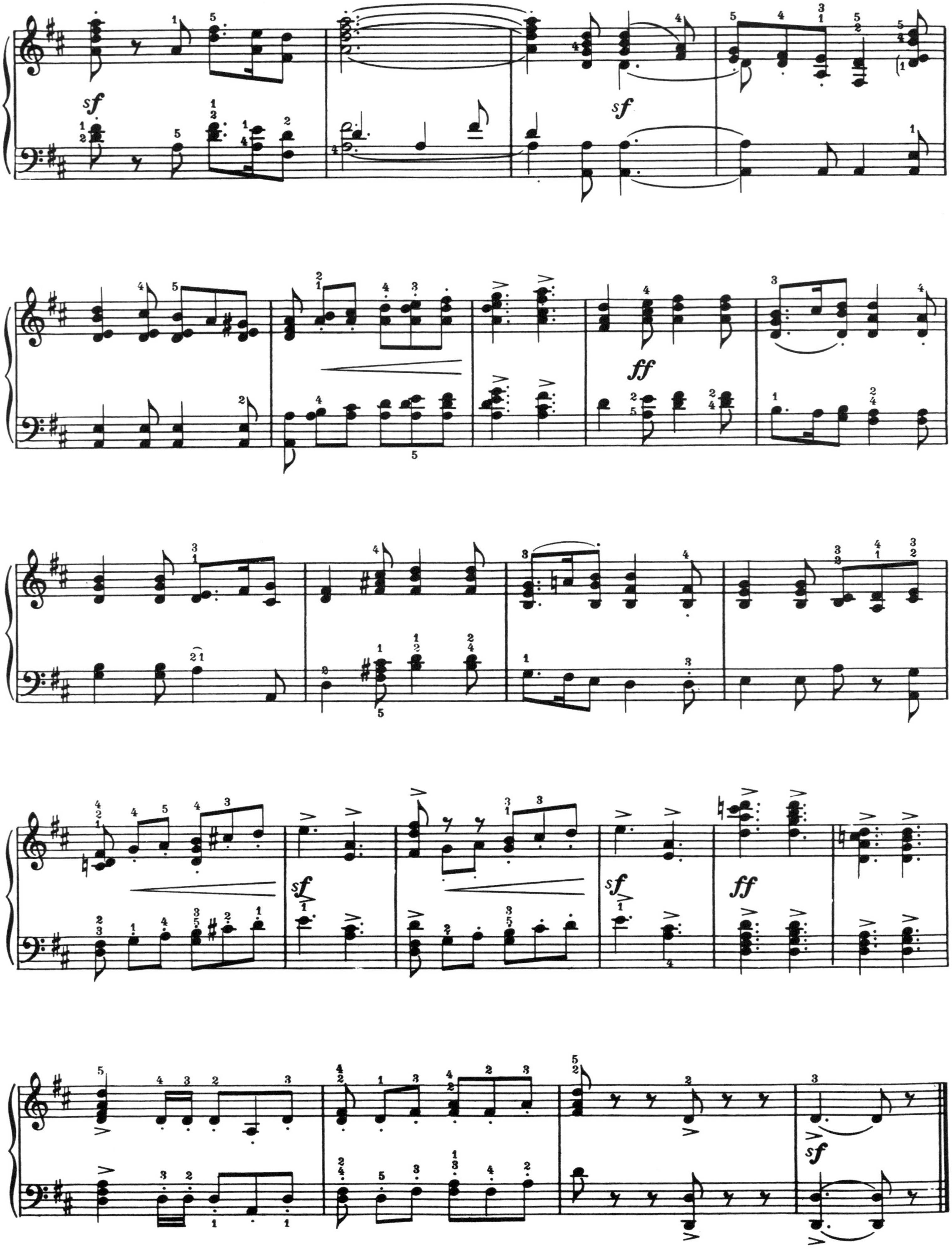
sf
sf
ff
sf
sf
ff
sf